EL OPUS DEI

Los secretos de una Obra entre creencias y escándalos

Por François De Heyder

Traducido por Laura Soler Pinson

en50MINUTOS.es

¡CONVIÉRTASE EN UN GENIO DE LA HISTORIA!

La batalla de Accio

La batalla de Maratón

La guerra de Palestina de 1948

La Operación Tormenta del Desierto

www.en50minutos.es

LOS SECRETOS DEL OPUS DEI

- **¿Fecha de creación?** El 2 de octubre de 1928.
- **¿Objetivos oficiales?** Difundir el mensaje evangélico y animar a todo individuo a alcanzar la santidad en el marco de sus actividades cotidianas.
- **¿Objetivos no confesados?** Aumentar su influencia dentro de la Iglesia, frenar la renovación teológica simbolizada por el Concilio Vaticano II y favorecer la cristianización de la sociedad a través de alianzas políticas y económicas.
- **¿Miembros más eminentes?**
  - Josemaría Escrivá de Balaguer, prelado español y fundador del Opus Dei (1902-1975).
  - Álvaro del Portillo, prelado español, vicario secretario central y sucesor de Escrivá (1914-1994).

Desde su creación en 1928, el Opus Dei o, dicho de otra manera, «la Obra de Dios», suscita a intervalos regulares la controversia y la curiosidad, sobre todo por su culto del secreto y por la influencia que se le atribuye, erróneamente o no, sobre la Iglesia católica y sobre el mismo papa. Y con razón: en la década de los cincuenta, según los propios estatutos de la institución, se prohibía a sus miembros que revelaran su pertenencia a la misma sin la autorización de un superior, mientras que una década antes se les aconsejaba no conversar acerca de la Obra con gente que no fuera miembro. Acusada a cada vez de organización elitista y sectaria e implicada en diferentes escándalos financieros y políticos, la institución despierta la curiosidad.

Sin embargo, actualmente, la Obra cuenta con cerca de noventa mil miembros, lo que no representa más que el 0,008 % de la población católica mundial. Aunque esto pueda parecer anecdótico, lo cierto es que su influencia sobre la curia romana es real, a pesar de lo que afirman sus responsables. A pesar de que la institución está completamente alejada de toda jerarquía eclesiástica y solo depende del mismo papa, el Opus Dei goza de una influencia que se extiende más allá del entorno estrictamente eclesiástico para alcanzar las más altas esferas del mundo político y económico.

EL OPUS DEI A TRAVÉS DE LA HISTORIA

NACIMIENTO DE LA OBRA

El nacimiento de la Obra está íntimamente ligado a su fundador, Josemaría Escrivá de Balaguer, y su desarrollo, al surgimiento de la España franquista (1939-1975).

Retrato de Josemaría Escrivá que se encuentra en la iglesia Santa María de los Ángeles de Chicago.

La fecha de creación que se ha escogido oficialmente es el 2 de octubre de 1928, aunque muchos consideran que la asociación no empezó a existir realmente hasta 1939, el año que ve el final de la guerra civil española y el ascenso al poder de Francisco Franco (1892-1975). No obstante, su fundador, que un día habló sobre este tema, afirma que «los inicios [estaban] íntimamente ligados a la historia de [s]u alma»[1] (Rodríguez 1967), lo que, desafortunadamente, es confuso. Por el contrario, lo que podemos afirmar es lo que Escrivá aceptó contar más adelante: en 1928, habría tenido una visión durante un retiro en una residencia eclesiástica madrileña. Durante esta visión, Dios le habría revelado el proyecto de lo que más tarde se convertiría en el Opus Dei.

¿SABÍAS QUE...?

Originalmente, la organización no tenía ningún nombre particular. No fue hasta más tarde, durante una conversación con su confesor, que este le preguntó cómo se portaba esta «obra de Dios». Por lo tanto, la Obra no era más que un apodo antes de convertirse en el nombre oficial.

LA ESPAÑA DE LOS AÑOS TREINTA

Los inicios son modestos y tranquilos. La Obra parece más una sala de estudios y de conversaciones que un organismo que predica el retiro espiritual estricto lejos del mundo. Las primeras reuniones transcurren en Madrid, en un piso que Escrivá comparte con su familia. Pero la situación cambia rápidamente. Durante los años treinta, España cambia pro-

---

1. Cita traducida por 50Minutos.es

fundamente: pasa de un régimen monárquico a una república, la segunda de la historia española. Tras las elecciones municipales de 1931, la izquierda toma el poder y la dinastía de los Borbones, encarnada por Alfonso XIII (1886-1941), es desterrada del país.

Por lo tanto, los años treinta empiezan bastante mal para el joven Escrivá. Con la ascensión al poder de los partidos de izquierda, España se laiciza brutalmente y el anticlericalismo se extiende por todo el país, sobre todo en Madrid. Se prohíbe que los curas enseñen, se quitan las cruces de los cementerios y de los edificios públicos y se proscriben las procesiones. La separación de la Iglesia y del Estado es total. Tal y como destaca el presidente del Consejo, Manuel Azaña (1880-1940), «España ha dejado de ser católica» (discurso del 13 de octubre de 1931 ante las Cortes).

Los movimientos de extrema derecha, descontentos con el Gobierno y con la victoria del Frente Popular español en las elecciones de 1936, se unen para organizar una rebelión y hunden a España en una guerra civil. Los primeros miembros de la Obra se ven atrapados por el huracán de lo que se llama la batalla de Madrid y están obligados a dispersarse. No volverán a encontrarse hasta 1939, al final de la guerra, cuando Escrivá vuelve a la capital junto a las tropas franquistas. El desarrollo de la Obra no vuelve a retomarse realmente hasta principios de los años cuarenta. En esta época, Escrivá cuenta con un apoyo importante: el obispo de Madrid, Leopoldo Eijo y Garay (1878-1963). En efecto, este le otorga una especie de carácter oficial a la joven organización. En 1941, adquiere el estatus de «pía unión», previsto en el

Código de Derecho Canónico, pero aún no está reconocida oficialmente por la Santa Sede.

LA PÍA UNIÓN

Una pía unión, situada bajo la autoridad de un dirigente eclesiástico local, es una asociación de laicos y de clérigos que efectúan obras de caridad y que a la vez ocupan cargos profesionales. Por lo tanto, sus miembros viven en la sociedad y no formulan ningún voto.

EL PERIODO ROMANO

Escrivá considera que el estatus otorgado por Leopoldo Eijo y Garay no permite plasmar con todo detalle la especificidad de la organización. Así, sueña con que se adjudique a la Obra una posición que, en aquel momento, no existía todavía en derecho canónico. Por esta razón, se instala en Roma en 1946, para negociar la creación de nuevos estatus. No obstante, su tenacidad no logra superar la inercia romana en un primer momento. En efecto, las filas del Opus Dei están demasiado despobladas y sus actividades son demasiado marginales como para esperar poner en marcha una administración tan imponente. Sin embargo, un año más tarde, el papa Pío XII (1876-1958) promulga una serie de textos entre los que se encuentra la constitución apostólica, llamada *Provida Mater Ecclesia* (1947), que servirá de marco jurídico para la formación de institutos seculares. Esto corresponde a la perfección a lo que Escrivá deseaba, que ve entonces cómo sus negociaciones llegan a buen puerto.

El encargado de preparar esta constitución es un tal Arcadio María Larraona Saralegui (1887-1973). Dos jóvenes curas lo ayudan en su tarea: Álvaro del Portillo y Salvador Canals Navarrete (1920-1975), ambos miembros del Opus Dei y cercanos a Escrivá. De hecho, el primero tomará las riendas de la Obra cuando muera su fundador.

EL CONCILIO VATICANO II

Durante los años que separan la adopción del estatus de instituto secular y el Concilio Vaticano II (1962-1965), los miembros del Opus Dei se multiplican por diez, y pasan de tres mil a treinta mil. Entre ellos, hay ya más de trescientos curas. No obstante, Escrivá no puede desarrollar más la Obra mientras el papa Pío XII ocupe el Vaticano, puesto que este ya le ha negado en tres ocasiones la posición de obispo. La elección del futuro Juan XXIII (1881-1963) en la sede pontifical se presenta como una oportunidad, ya que el objetivo es transformar el instituto secular en prelatura *nullius*.

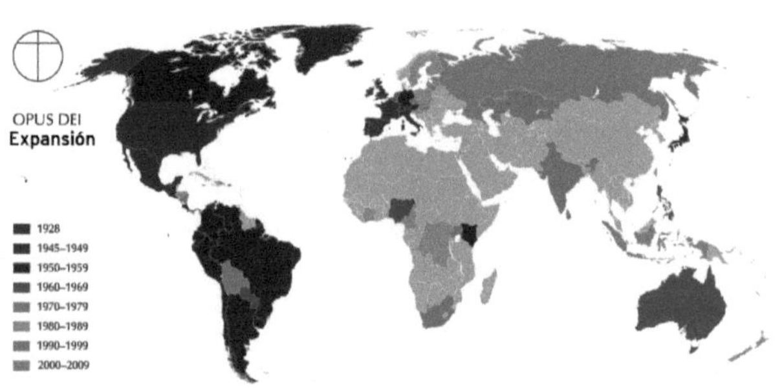

Mapa que muestra la expansión del Opus Dei.

La especificidad de la obra hace que no cubra un área geográfica determinada que pueda caer bajo la jurisdicción de una diócesis. En efecto, sus miembros están dispersos por todo el mundo. Por eso, Escrivá considera que un estatus de prelatura que no esté bajo la autoridad de una diócesis sino bajo la del papa corresponde mejor a la fisionomía de la organización. Transmite la petición al papa en 1960 pero, dos años más tarde, es rechazada a causa de las dificultades jurídicas y prácticas. Por lo tanto, Escrivá sufre otro revés mientras ve, además, cómo se le niega por cuarta vez la mitra episcopal.

Poco tiempo después se inicia el Concilio Vaticano II, donde se iba a debatir una propuesta que tenía como objetivo la elaboración de una nueva estructura legal que correspondería a las aspiraciones del Opus Dei. Pero a la luz de algunas opiniones, la Obra considera que la asamblea va en contra de sus principios. En efecto, Escrivá no acepta que sea abierta al público y teme que los numerosos expertos invitados a los debates aplasten a los obispos que, a veces, son menos sofisticados e instruidos. Todo esto contribuye a alimentar el resentimiento que experimenta hacia Juan XXIII.

Presbiterio con la cátedra de San Pedro en la basílica homónima, durante el Concilio Vaticano II.

¿SABÍAS QUE...?

Los papas son considerados representantes de Dios en la tierra. Sin embargo, incluso dentro de sus iglesias, rara vez cuentan con la aprobación de todo el mundo. Juan XXIII no es una excepción. El cardenal Siri (1906-1989), cercano a Escrivá y contemporáneo del papa, consideraba que este último era «el mayor desastre de la historia reciente de la Iglesia»[2] (Cahill 2008). Y con reciente estaba incluyendo los últimos quinientos años y el ascenso al poder de los papas Borgia.

PARANOIA CISMÁTICA

Juan XXIII no ve el final de su concilio. Es su sucesor, Pablo VI (1897-1978), quien toma el relevo y dirige hasta el final las conversaciones. Durante la asamblea, el papa condena los métodos de aborto artificial, aun cuando esto no había sido acordado con los obispos. Así, estallan las críticas y, entre ellas, se vuelve a escuchar otra vez la voz de Escrivá. No obstante, al contrario de lo que manifiesta la mayoría de la gente que se opone a esta condena, este último informa que su desacuerdo se produce porque Pablo VI no se ha mostrado lo suficientemente estricto en su rechazo.

Por lo tanto, parece que su pensamiento se radicaliza a medida que pasa el tiempo, y en ese momento está convencido de que solo la Obra podrá salvar a la Iglesia, que se ha vuelto demasiado débil y demasiado suave. Es tal la situación que se roza el cisma. De hecho, el doctor John Roche cuenta que los miembros se estaban preparando para conformar una iglesia separada de la Iglesia católica. Pero Álvaro del Portillo, el brazo derecho de Escrivá, logra hacerlo entrar en razón y le propone un enfoque más diplomático.

---

2. Cita traducida por 50Minutos.es

LA PRELATURA PERSONAL

Los años que transcurren tras el concilio son para Escrivá la ocasión de difundir su mensaje a través del mundo para extender las ideas de la Obra. Al estar muy ocupado con sus viajes, desatiende los trabajos de modificación del estatus del Opus Dei, que no verá finalizados. Muere en Roma en 1975 y deja al mando de la Obra a Álvaro del Portillo. Entonces, la organización entra en la última fase de su evolución para adoptar el estatus que tiene actualmente, el de prelatura personal.

La prelatura personal, creada tras el decreto conciliar *Presbyterorum Ordinis* (1965), permite una mayor flexibilidad de organización que las estructuras que ya existen, como las diócesis. En 1969, el Opus Dei inicia los trámites para acceder a este estatus y, en 1982, Juan Pablo II (1920-2005) firma la constitución apostólica *Ut Sit* que la convierte finalmente como prelatura personal.

¿SABÍAS QUE...?

Aunque la estructura legal que permite la creación de prelaturas personales existe desde 1965, el Opus Dei sigue siendo a día de hoy la única organización que ha adquirido este estatus. Es cierto que corresponde totalmente a la estructura que poseía la organización en aquella época. Podríamos llegar a pensar, sin riesgo a equivocarnos, que la creación de este estatus se inspiró de la Obra de Escrivá.

LOS MIEMBROS MÁS EMINENTES

JOSEMARÍA ESCRIVÁ DE BALAGUER

Escrivá, nacido en 1902 en Barbastro, Aragón, tuvo una infancia que ya suscita asombro por lo milagrosa que parece. Poco después de su nacimiento, es víctima de una epidemia de meningitis que afecta a la región de Huesca. Según la leyenda, el pequeño Josemaría no se curará de su enfermedad hasta que su madre peregrine a Torreciudad. Tras unos reveses económicos, su familia cae en la ruina y abandona Barbastro para dirigirse a la región vinícola de La Rioja. Niño extremadamente pío, desde muy pronto está seguro de que su destino lo llevará a servir a Dios.

En 1920, se matricula en la Universidad Pontificia de Zaragoza donde, gracias a sus excelentes resultados, es nombrado seminarista superior en 1922. Tres años más tarde, es ordenado cura antes de obtener una licenciatura en derecho canónico y civil. Termina por instalarse en Madrid para completar su formación con un doctorado en derecho. Lo demás se acerca más a la hagiografía que a la historia. Escrivá afirma haber tenido una visión el 2 de octubre de 1928, el día de la fiesta de los ángeles guardianes, durante un retiro espiritual en Madrid. Esta visión origina la fundación del Opus Dei. A partir de este momento, la historia de Escrivá y la de su Obra ya no pueden separarse.

Hay una gran variedad de opiniones con respecto a la personalidad de Josemaría, aunque una cosa es segura: Escrivá es, ante todo, un hombre de Dios. La compasión y la abnegación que mostraba hacia el prójimo eran, en efecto, parte integrante de su ser. Por el contrario, su carácter irritable, colérico y orgulloso también le jugó malas pasadas e influyó en la imagen del Opus Dei.

A partir de 1980, es decir, cinco años después de su muerte, la Postulación pide la apertura de la causa de beatificación de Escrivá, tras la curación milagrosa de la hermana Concepción Boullón Rubio, que acaece en 1976. Aproximadamente un tercio de los obispos católicos apoyan esta petición y la firman. En 1991, los miembros de la Congregación para las Causas de los Santos afirman unánimemente que se trata de un milagro real y, por lo tanto, le conceden a Escrivá el estatus de bendito el 17 de mayo de 1992. Un año más tarde, se somete a la aprobación de la Congregación otra curación, la del doctor Manuel Nevado Rey. Es declarada milagrosa en 2001 y, el 6 de octubre de 2002, el papa Juan Pablo II canoniza a Josemaría Escrivá. Esta canonización rápida provocó que surgieran una gran cantidad de voces, sobre todo en lo que respecta al apoyo absoluto del papa durante este procedimiento.

ÁLVARO DEL PORTILLO

Nacido en Madrid en 1914, Álvaro del Portillo integra el Opus Dei en 1935. Es ordenado cura en 1944 y obtiene rápidamente la confianza del padre fundador y el puesto de vicario secretario central, lo que lo sitúa en un buen lugar en el organigrama de la Obra. Es un hombre extremadamente importante para la historia del Opus Dei y su influencia no tiene precedentes. Es sobre todo el encargado de negociar con la Santa Sede para obtener un nuevo estatus.

Tras haber participado en el Concilio Vaticano II, ocupa diversos puestos en Roma. Así, se convierte en secretario de la Comisión de Institutos seculares y también trabaja como asesor para diversas congregaciones, como las de la doctrina de la fe, para el clero o también para la reforma del derecho canónico.

Gracias a su sentido de la diplomacia, logra atenuar la terquedad de Escrivá y procede para que la imagen del Opus Dei no se vea empañada por el tono provocador y, en ocasiones, torpe de su fundador. Cuando este muere, Álvaro del Portillo toma las riendas de la organización antes de que Juan Pablo II lo eleve a la función de obispo en 1991. Muere en Roma tres años después y es reconocido como venerable por Benedicto XVI (nacido en 1927) en 2012, antes de ser beatificado en 2013 por el papa Francisco (nacido en 1936).

OBJETIVOS Y FUNCIONAMIENTO DEL OPUS DEI

LA SANTIDAD A TRAVÉS DE LA VIDA ORDINARIA

El mensaje principal del Opus Dei es bastante simple: todo cristiano puede participar en la difusión del mensaje de Cristo y contribuir a la misión evangelizadora de la Iglesia, sin que eso suponga retirarse de la vida secular. La palabra clave es la evangelización por la santificación del trabajo. A través de este mensaje, descubrimos toda la particularidad del Opus Dei y comprendemos las dificultades que la prelatura tuvo que superar para encontrar su camino en una Iglesia que no había previsto un lugar para ella. A través de esta idea fundadora (la santidad a través de la vida ordinaria), la obra instaura una distinción primordial con las órdenes religiosas tradicionales. En efecto, Escrivá estima por una vía simple y activa que todo cristiano puede promover las virtudes cristianas tradicionales, como la humildad o la paciencia.

LA ESTRUCTURA DE LA ORGANIZACIÓN

La gestión del Opus Dei se ve asegurada por tres asambleas que a continuación presentamos de mayor a menor importancia. La primera es el Consejo General que controla la Obra. Más en particular, sirve de órgano consultivo al prelado, nombrado de manera vitalicia, cuya misión consiste en dirigir la organización. El primer prelado de la orden es Josemaría Escrivá de Balaguer, al que sucede Álvaro del Portillo en 1975, que a su vez es remplazado en 1994 por Javier Echevarría Rodríguez (nacido en 1932). Este Consejo General está compuesto por el prelado, el vicario general, el vicario secretario central, tres vicesecretarios, un director de estudios y un administrador general.

Por su parte, la administración de la Obra se compone de consejos regionales. Cada área geográfica en la que esté implantado el Opus Dei está organizada por regiones. Estas no tienen por qué corresponder con límites estatales y oficiales. Cada una de ellas está dirigida por un vicario regional, que se ve ayudado en sus funciones por el Consejo Regional y por consejos técnicos que se encargan ante todo de garantizar la buena gestión económica de la región.

Para acabar, están conformadas por toda una serie de consejos locales dirigidos por laicos, al contrario de lo que sucede con los anteriores, donde son curas quienes llevan las riendas.

UNA ORGANIZACIÓN MUY ESTRUCTURADA

Aunque el Opus Dei parece estar extremadamente bien estructurado, lo cierto es que para Escrivá este punto no reviste demasiado interés. Cuando le piden que explique la estructura de la Obra, se limita a decir que existe un Consejo General en Roma, y que este se reproduce en cada país donde el Opus Dei está presente. En 1966, escribe de nuevo con respecto a este tema que la institución es una «organización desorganizada»[3] (Le Vaillant 1971). Sin embargo, dos años antes, el papa Pablo VI había destacado positivamente la estructura del organismo, algo de lo que alardeaban los dirigentes de la obra.

EL «SILBIDO» O LA ADHESIÓN AL OPUS DEI

Para entrar en el Opus Dei, hay que tener una vocación auténtica. Aunque se trata de una organización eclesiástica, no exige ningún voto como los que se piden en las órdenes religiosas tradicionales. Un laico que ingresa en la Obra sigue siendo, por lo tanto, un laico, y su pertenencia a la institución se materializa a través de un contrato. Con este documento, los miembros se comprometen a apoyar la acción apostólica de la organización y las actividades que desarrolla. A cambio, la prelatura ofrece un acompañamiento y una formación espiritual para los nuevos miembros.

Con el término «silbido», se designa el hecho de pedir el ingreso en la Obra. El reclutamiento se efectúa generalmente cuando el individuo es bastante joven. A partir de los dieciséis años y medio, se puede enviar una carta pidiendo la admisión (el «silbido»). No obstante, el joven puede convertirse en aspirante a los catorce años y medio. Pero no será hasta los dieciocho años cuando el postulante obtendrá el título de oblato, lo que marcará su entrada oficial en el Opus Dei.

---

3. Cita traducida por 50Minutos.es

La Obra tiene la reputación de formar una gran familia en la que se apuesta por la colaboración. Esto también implica que cuando un miembro decide abandonarla, sale por completo y el resentimiento que experimentarán hacia él sus antiguos correligionarios será intenso. Así le sucede a uno de los primeros colaboradores de Escrivá, Miguel Fisac (1913-2006). Tras haber abandonado la organización, este decide casarse. Desgraciadamente, su hermana, que sigue siendo miembro del Opus Dei, no obtiene la autorización para asistir a la ceremonia. Aún más grave: justo cuando acaba de perder a uno de sus hijos, dos representantes de la Obra, que han asistido al entierro, dejan caer claramente que esta pérdida constituye el castigo de Dios por haber abandonado el Opus Dei.

LOS MIEMBROS DE LA OBRA

Los miembros se clasifican en varias categorías: los numerarios, los supernumerarios, los agregados y los cooperadores. Esta terminología proviene de los estándares que se utilizaban en la jerga universitaria española, y no reflejan en ningún caso un deseo de ocultismo.

Por lo general, los supernumerarios, que representan al 70 % del conjunto del Opus Dei, son miembros casados con obligaciones familiares. De hecho, están menos disponibles que los demás para llevar a cabo las diversas actividades de la Obra. Por su situación familiar, no viven junto a sus correligionarios dentro de los centros del Opus Dei. Además, siempre forman parte de su parroquia. Uno de los deberes de los miembros supernumerarios es el de depositar dinero a intervalos regulares para apoyar la acción de la prelatura.

Los numerarios representan el pilar de la organización. En términos generales, estos consideran que la Obra es su familia real. Por lo tanto, viven en comunidad en centros preparados para ellos. Aunque, como todos los demás miembros, ejercen una profesión ajena al Opus Dei, una gran parte de sus actividades cotidianas está vinculada a los intereses de la institución. Además, todo lo que ganan y que supera lo necesario para sobrevivir revierte en el organismo. Por su formación espiritual, más avanzada que la de los supernumerarios, son los únicos que pueden ejercer las funciones clave dentro de la Obra. Todos los curas que forman parte del Opus Dei son miembros numerarios y dependen directamente del prelado. Su tarea consiste principalmente en satisfacer las necesidades espirituales de los demás miembros, tal y como haría cualquier hombre de Dios. Algunos también se encargan de la parroquia o de la enseñanza universitaria.

La principal diferencia entre un numerario y un agregado es

el lugar de residencia. Los agregados, que a menudo están solteros, no viven dentro de los centros opusinos, sobre todo por sus responsabilidades familiares. Con respecto al resto, el agregado no se diferencia en nada del miembro numerario.

Por último, los cooperadores no son miembros, sino «amigos» del Opus Dei y, por ello, no se cuentan en las cifras oficiales. Su tarea es la de apoyar con sus actividades la culminación de las misiones de la obra. Algunos realizan aportaciones financieras de manera ocasional.

LAS ACTIVIDADES DEL OPUS DEI

La actividad principal del Opus Dei consiste en desarrollar centros comunitarios y llevar a cabo una serie de actividades que están vinculadas, en su mayor parte, al ámbito de la enseñanza. Así, la Obra ha impulsado la creación de quince universidades. Estas suman un total de más de ochenta mil estudiantes y están conformadas, sobre todo, por facultades de medicina, de derecho, de teología, de economía, de comunicación y de filosofía y letras. Además de estos establecimientos, también existen once escuelas de comercio donde están matriculados diez mil estudiantes, treinta y seis escuelas de enseñanza primaria y secundaria y noventa y siete escuelas técnicas y profesionales que albergan a más de treinta y ocho mil alumnos, y que forman parte del universo opusino. En este ámbito, el Opus Dei también cuenta con ciento sesenta y seis residencias de estudiantes cuya capacidad de acogida supera los seis mil estudiantes.

El otro gran ámbito de actuación de la Obra es el médico. En efecto, la prelatura ha impulsado la construcción de siete hospitales que emplean a más de mil médicos y mil quinientos enfermeros. Todas estas estructuras están repartidas por todo el mundo.

CONTROVERSIAS

EL CASO MATESA

Uno de los mayores escándalos que implicó a miembros del Opus Dei es el caso Matesa. Este asunto tiene su origen en los últimos años del régimen franquista y ha sido uno de los casos de corrupción más famosos que se han producido en España desde el final de la guerra civil.

Quien se encuentra en el centro del escándalo es una empresa textil llamada Maquinaria Textil del Norte de España Sociedad Anónima. El caso estalla en 1969 y se descubre que la compañía tiene como objetivo la obtención fraudulenta de fondos gubernamentales para la exportación de máquinas textiles. Inmediatamente, el asunto siembra la duda sobre las reformas económicas que se han implementado desde 1959 y sobre los organismos oficiales de crédito creados poco después. Las personas que estaban al mando de la política económica española en los años sesenta se ven rápidamente hostigadas. No obstante, parece que la mayor parte guardaba relación con el Opus Dei.

El caso dispara las tensiones entre ciertos miembros del Gobierno que pertenecen a la Falange (organización política fascista) y la organización. Los primeros consideran que la influencia que la Obra ejerce sobre el Gobierno español debe cesar. Con este objetivo, los ministros José Ruiz Solís (1913-1990) y Manuel Fraga Iribarne (1922-2012) inician una campaña de prensa contra los tecnócratas del Opus Dei. Aunque Franco no siente que el caso le concierna especialmente, actúa movido por la divulgación de la campaña y la duda que esta siembra sobre la credibilidad del Gobierno. Así, destituye a los dos ministros, mientras que los miembros de la Obra implicados salen impunes.

Juan Vilá Reyes (1925-2007), el director y fundador de Matesa, que asume la responsabilidad del escándalo, llega incluso a obtener más tarde un perdón oficial de parte de Franco.

Este escándalo no ha sido el único que ha salpicado de cerca o de lejos al Opus Dei. Podemos citar, entre otros, los casos Ortega Pardo y Meleux que tuvieron un cierto eco durante los años sesenta por su relación con delitos de estafa.

UNA CONTROVERSIA NACIDA DE *EL CÓDIGO DA VINCI*

Por lo que respecta a la controversia, no podemos obviar las reacciones que surgen tras la publicación en 2003 de la novela de Dan Brown (escritor estadounidense, nacido en 1964), *El código Da Vinci*. En efecto, el prefacio del libro lo presenta como una tesis y no como una obra de ficción. Se trata probablemente de un procedimiento literario algo provocador con el objetivo de conseguir más ventas, pero, sea como fuere, esta novela establece una relación entre numerosos elementos reales, muy conocidos, y otros que provienen de la imaginación del autor que, en el mejor de los casos, son factibles, pero no están acreditados, y, en el peor de los casos, son pura ficción. Frente al éxito cosechado por el libro, el Opus Dei tiene que reaccionar rápidamente.

Lo que se detalla en el libro no solo puede ofender a la Obra, sino que también puede afectar a todo el cristianismo.

El primer objetivo del plan de comunicación que la Obra pone en marcha consiste en influir para que la película se prohíba a los menores, y para que, a continuación, se revise el montaje para suprimir las escenas que podrían herir la sensibilidad de los cristianos. Finalmente, el Opus Dei pide que se acompañe la película de un aviso que especifique que se trata de una obra de ficción. El segundo objetivo es aprovechar el lanzamiento de la película para informar abiertamente sobre la situación de la Obra y dar a conocer su apostolado. El primer objetivo no llega a buen puerto, al contrario que el segundo.

LA OBRA Y EL PAPADO

En la actualidad, el Opus Dei está bien integrado en todos los niveles de la Iglesia, pero esto no siempre fue así. No es hasta la elección de Juan Pablo II, en 1978, cuando la organización adquiere la importancia política de la que goza hoy en día. A pesar de que solo es obispo de Cracovia, Karol Wojtyła, como se llama realmente, ya disfruta de la amistad del Opus Dei y de su generosidad. Por ejemplo, cuando se desplaza hasta Roma, suele ocupar una de sus residencias. No podemos pasar por alto tampoco el aporte financiero que la Obra concede a Solidarność, una organización que cuenta frecuentemente con el apoyo de Juan Pablo II.

En 1978, cuando el cónclave se reúne en Roma para elegir a un nuevo papa, el cardenal Wojtyła es el candidato elegido por el Opus Dei, y el arzobispo de Viena, cercano a la Obra, es determinante en esta elección. No llegaremos a afirmar que Juan Pablo II debe su designación únicamente al apoyo que le manifiesta el Opus Dei, pero lo cierto es que una vez elegido, se apresura para devolver el favor. La adquisición del estatus de prelatura personal, la beatificación precipitada de Escrivá y la nominación entre sus colaboradores próximos de muchos opusinos o simpatizantes son un ejemplo perfecto. Aún más, una gran cantidad de obispos de Latinoamérica, también miembros del Opus Dei, deben su nominación a Juan Pablo II.

Es evidente que el papa Benedicto XVI no apoya tan abiertamente al Opus Dei como su predecesor. Es consciente del sectarismo de la Obra, y se sirve de este aspecto para luchar contra las desviaciones demasiado modernas que han surgido dentro de la Iglesia. Por el contrario, tras la elección del papa Francisco, soplan nuevos aires. Sus posturas, mucho más progresistas que las de sus predecesores, preocupan en los ambientes tradicionalistas, de los que el Opus Dei forma parte.

LA IMPORTANCIA DEL SECRETO

Desde siempre, el Opus Dei ha despertado polémica por su discreción, tanto dentro como fuera de la Iglesia. De hecho, la Obra fue investigada en los años treinta y cuarenta, tanto en España como en Roma. Inicialmente, las sospechas de las autoridades eclesiásticas y políticas provienen de su reputación de «masonería blanca».

Si el Opus Dei juega la carta de la discreción, ¿cómo se puede reconocer entonces a sus miembros? Esto plantea problemas a mucha gente.

¿Sabías que...?

A lo largo del tiempo, han surgido algunas teorías basadas en algunos hechos demostrados. Por ejemplo, la utilización de una cierta colonia que a Escrivá le gustaba especialmente podría indicar la pertenencia de una persona a la organización. La falta de un botón en el puño de una manga podría tener el mismo significado. Lo mismo ocurre cuando un saludo se acompaña de la palabra «*pax*», como respuesta a la locución «*in aeternum*». Estos indicios, que no han sido confirmados ni desmentidos por los miembros, no son más que teorías.

Esta voluntad de discreción se percibe claramente en la constitución de 1950, en la que Escrivá declara el deseo de practicar una «humildad colectiva», que está dirigida a poner en un segundo plano cualquier individualismo. Por lo tanto, pare respetar este deseo, no se aconseja revelar su pertenencia al Opus Dei. Existe una razón más prosaica para este secreto impuesto: en 1950, el Vaticano prohíbe a los miembros de las instituciones seculares que se metan en negocios. No obstante, una gran cantidad de miembros del Opus Dei infringen esta regla, lo que lleva a que la Obra invite a sus miembros a no identificarse. Por el contrario, en 1982, los estatutos del Opus Dei denotan una evolución clara en este ámbito. Aún hay una cierta prudencia, puesto que se pide discreción en cuanto a la divulgación de los nombres de los miembros opusinos, aunque se pide que se eviten los misterios, puesto que, oficialmente, la Obra no tiene nada que esconder. Por consiguiente, los miembros pueden actuar con total naturalidad.

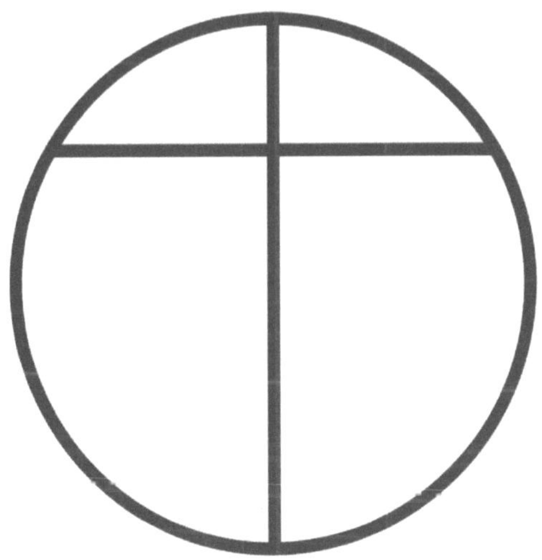

Sello de la prelatura del Opus Dei.

LAS MORTIFICACIONES DE LA CARNE

Otro elemento que influye en la pésima reputación del Opus Dei es la mortificación de la carne. Bajo el régimen franquista de los años cuarenta, en una época en la que se ataca ferozmente a la Obra, nadie le reprocha esta práctica. Si bien las formas de penitencia a través de la mortificación son parte de la espiritualidad de la España ultracristiana, es cierto que, con el tiempo, esta práctica se considera cada vez más degradante y extravagante, hasta el punto de caer en desuso. Pero la Obra la mantiene, y eso solo añade leña al fuego de la curiosidad que suscita.

Las formas de mortificación que practican los miembros del Opus Dei son diversas, pero no están destinadas a todo el mundo. Solo los miembros solteros están obligados a seguir las mortificaciones más duras, como el uso del cilicio o del látigo. El primero es una especie de cadeneta cubierta de puntas que se debe llevar sobre la parte superior del muslo o alrededor de los riñones durante dos horas cada día. El látigo, al que también se llama disciplina, se trata en realidad de una pequeña vara que el opusino se aplica en la espalda o en las nalgas mientras recita una breve oración. Dicho de otra manera, la aplicación es a menudo breve y benigna. La duración del rezo y la intensidad del golpe se dejan a elección del que practica la penitencia.

También existen mortificaciones más ligeras y, por lo tanto, más comunes. Por ejemplo, es habitual provocar que el sueño sea a veces poco confortable, negándose a utilizar almohada o durmiendo en el suelo o sobre una tabla. En esta misma lógica, algunos miembros eligen guardar silencio desde después de la comida hasta el día siguiente.

Al final, tales prácticas están en sintonía con la filosofía que predica la Obra hoy en día: una organización que vive en el pasado, que se niega a evolucionar y que se opone a las ideas innovadoras que simboliza en la actualidad el papa Francisco.

- Josemaría Escrivá de Balaguer crea el Opus Dei en 1928. Está íntimamente ligado a la historia personal de su fundador y se desarrolla en la España franquista.
- Tras unos inicios tranquilos, la situación del Opus Dei cambia radicalmente, al mismo tiempo que la de España. Debido a la brutal laicización del país, los eclesiásticos son perseguidos y Escrivá se ve obligado a huir de Madrid.
- En 1941, el Opus Dei adquiere el estatus de pía unión y, en 1947, el de institución secular, recién creado por Pío XII.
- Tras el Concilio Vaticano II, el padre fundador radicaliza su punto de vista y, con él, el del Opus Dei. La intervención de del Portillo evita que la Obra se separe por completo de la Iglesia católica.
- Cuando muere el fundador del Opus Dei, la Obra entra en una nueva fase de su desarrollo para acceder al estatus de prelatura personal, que alcanzará en 1982.
- El principio fundamental que rige la vida de los miembros del Opus Dei es el apostolado secular. Los miembros pueden acceder a la santidad a través del trabajo y de la vida ordinaria.
- La prelatura está estructurada en tres niveles jerárquicos. El primero y más importante es el Consejo General, presidido por el prelado, número uno del Opus Dei. El segundo es el de los consejos regionales dirigidos por un vicario regional. El tercero se compone de consejos locales, con laicos a la cabeza.
- Actualmente, el número de miembros supera la barrera de los noventa mil. Entre ellos, hay más de dos mil curas

y el resto son laicos. La mayoría de los miembros son supernumerarios. Podríamos decir que los numerarios son aquellos que muestran un mayor compromiso con el Opus Dei.

- El ámbito de predilección de las actividades de la Obra es la enseñanza. Así, el Opus Dei ha impulsado la creación de quince universidades, once escuelas de comercio, treinta y seis escuelas de enseñanza primaria y secundaria y noventa y siete escuelas técnicas y profesionales. El otro ámbito preferido es el de la medicina, con la creación de siete hospitales.

- El principal objeto de controversia está vinculado al carácter secreto del Opus Dei. La voluntad de practicar una «humildad colectiva» ha llevado a la Obra a prever reglas internas que prohíben revelar la pertenencia de un miembro a la organización. De hecho, la prelatura considera que la adhesión a cualquier organización pertenece al ámbito privado y, por lo tanto, se asemeja más a la discreción que al secreto.

¡Tu opinión nos interesa!
¡Deja un comentario en la página web de tu librería en línea,
y comparte tus favoritos en las redes sociales!

PARA IR MÁS ALLÁ

FUENTES BIBLIOGRÁFICAS

- Allen, John L. Jr. 2006. *Opus Dei: un regard objectif sur les mythes et les réalités de la puissance la plus mystérieuse de l'Église catholique.* Quebec: Stanké.
- Beevor, Antony. 2006. *La guerre d'Espagne.* París: Calmann-Lévy.
- Cahill, Thomas. 2008. *Pope John XXIII: A life.* Londres: Penguin.
- Hertel, Peter. 1998. *Les secrets de l'Opus Dei. Enquête et documents.* Villeurbanne: Golias.
- Hutchinson, Robert. 2006. *Their Kingdom Come. Inside the Secret World of Opus Dei.* Londres: St. Martin's Griffin.
- Le Vaillant, Yvon. 1971. *Sainte Maffia: le dossier de l'Opus Dei.* París: Mercure de France.

FUENTES COMPLEMENTARIAS

- Bernal, Salvador. 2007. *Mes souvenirs d'Alvaro del Portillo, prélat de l'Opus Dei.* Quebec: Éditions des Oliviers.
- Des Mazery, Bénédicte y Patrice. 2005. *L'Opus Dei, enquête sur une église au cœur de l'Église.* París: Flammarion.
- Duborgel, Véronique. 2007. *Dans l'enfer de l'Opus Dei.* París: Albin Michel.
- Fuenmayor, Amadeo de, Valentín Gómez-Iglesias y José Luis Illaens. 1992. *L'itinéraire juridique de l'Opus Dei.* París: Desclée.

- Gondrand, François. 1982. *Au pas de Dieu: Josemaría Escrivá de Balaguer, fondateur de l'Opus Dei.* París: France Empire.
- Rodríguez, Pedro. 1967. *Palabra.* Madrid.
- Romano, Giuseppe. 1996. *L'Opus Dei, un chemin de sainteté.* París: Fayard.

FUENTES ICONOGRÁFICAS

- Retrato de Josemaría Escrivá que se encuentra en la iglesia Santa María de los Ángeles de Chicago. La imagen reproducida está libre de derechos.
- Mapa que muestra la expansión del Opus Dei. La imagen reproducida está libre de derechos.
- Presbiterio con la cátedra de San Pedro en la basílica homónima, durante el Concilio Vaticano II. © Lothar Wolleh.
- Retrato de Álvaro del Portillo. La imagen reproducida está libre de derechos.
- Sello de la prelatura del Opus Dei. La imagen reproducida está libre de derechos.

PELÍCULAS Y DOCUMENTALES

- *Opus Dei. Una cruzada silenciosa.* Dirigido por Marcela Said Cares y Jean de Certeau. Francia: 2006.
- *Opus Dei unveiled.* Documental dirigido por George Tzimopoulos. Estados Unidos: 2006.
- *El código Da Vinci.* Dirigida por Ron Howard, con Tom Hanks, Audrey Tautou, Ian McKellen y Jean Reno. Estados Unidos: Columbia Pictures e Imagine

Entertainment, 2006.
- *Camino*. Dirigida por Javier Fesser, con Nerea Camacho, Carme Elías, Mariano Venancio y Manuela Vellés. España: Mediapro y Películas Pendelton, 2008.
- *There be dragons*. Dirigida por Roland Joffé, con Charlie Cox, Wes Bentley, Derek Jacobi y Olga Kurylenko. Estados Unidos: 2011.

LITERATURA

- Case, John. 1998. *Génesis*.
- Brown, Dan. 2003. *El código Da Vinci*.

en50MINUTOS.es

Historia

Economía y empresa

Coaching

¡APRENDER
NUNCA ANTES FUE
TAN RÁPIDO!

www.en50minutos.es

© en50Minutos.es, 2017. Todos los derechos reservados.

www.en50Minutos.es

ISBN ebook: 9782806280800

ISBN papel: 9782806292148

Depósito legal: D/2016/12603/931

Libro realizado por <u>Primento</u>, *el socio digital de los editores*